AF233128

L 27
351472

ALLOCUTION

PRONONCÉE PAR

M. L'ABBÉ MICHEL

Chanoine honoraire, Curé de Saint-Michel

A L'OCCASION DU

MARIAGE

DE

M. GEORGES DE ROGIER

ET DE

Mlle LOUISE PERRIO

En l'église Saint-Michel de Saint-Brieuc

LE 7 JANVIER 1885

SAINT-BRIEUC

IMPRIMERIE-LITHOGRAPHIE DE L. PRUD'HOMME

PLACE DE LA PRÉFECTURE, 1

1885

ALLOCUTION

PRONONCÉE PAR

M. L'ABBÉ MICHEL

Chanoine honoraire, Curé de Saint-Michel

A L'OCCASION DU

MARIAGE

DE

M. Georges de ROGIER

ET DE

Mlle Louise PERRIO

En l'église Saint-Michel de Saint-Brieuc

LE 7 JANVIER 1885

SAINT-BRIEUC

IMPRIMERIE-LITHOGRAPHIE DE L. PRUD'HOMME

PLACE DE LA PRÉFECTURE, 1

1885

Ln 27 35472

Monsieur, Mademoiselle,

Il y a onze ans, le 30 novembre 1873, tout près de cette église, s'endormait dans le Seigneur, après une cruelle maladie chrétiennement supportée, un de ces hommes de bien qui laissent après eux un souvenir tout embaumé de loyauté et d'honneur.

De la carrière des armes, à laquelle il avait consacré son existence, Monsieur le Commandant Perrio était passé dans le repos de la vie privée, qu'il utilisa au service de trois nobles affections : sa famille, la cité qu'il habitait et l'église dont il était le paroissien fidèle. Appelé successivement dans les conseils de la cité et de la paroisse, il sut y déployer les sérieuses qualités que Dieu lui avait départies.

Frappé avant l'âge par le mal qui devait le terrasser,

il vit venir la mort sans crainte. Entouré des soins d'une épouse dévouée, il appela auprès de son lit ses enfants. Le dernier était bien jeune ; mais son fils et sa fille aînés étaient grands déjà. Il leur fit ses dernières recommandations. Il leur dit d'écouter toujours les conseils de leur mère, et, s'ils étaient appelés à s'établir dans le monde, de ne jamais unir leur nom qu'à des familles chrétiennes.

Ce vœu devait s'accomplir.

Voici déjà deux ans que, dans l'ancienne capitale de la Basse-Normandie, Monseigneur l'Évêque de Nantes unissait le fils aîné à Mlle Jeanne Lanfranc de Panthou, fille d'un Procureur général, l'une des gloires de l'ancienne magistrature ; et aujourd'hui, la sœur attend la bénédiction de l'Église, qui va consacrer son mariage avec le descendant d'une des plus nobles familles du Poitou.

Un instant, nous avions pu espérer qu'un illustre ami de la famille du jeune homme, Son Éminence le Cardinal Archevêque de Toulouse fût venu rehausser de sa présence l'éclat de cette cérémonie ; mais si la longueur de la route et l'âge avancé du vénérable Prélat nous privent de sa présence désirée, du moins la Providence nous a ménagé une sorte de compensation par la venue de l'un des chanoines de l'insigne basilique de N.-D. de Lorette, qui a voulu donner à son ancien élève cette marque nouvelle de son affection.

C'est à son initiative que vous devez la faveur la plus insigne de cette journée : la bénédiction du Saint-Père. La nouvelle lui en est arrivée hier soir, et c'est là le présent le plus précieux qu'il puisse déposer dans votre corbeille de noces.

S'il fallait exprimer notre pensée tout entière sur cette cérémonie, nous y trouverions une joie, une espérance, et, il faut bien le dire, un regret.

Une joie. Elle s'épanouit sur tous les visages. Elle est dans cette église parée de ses plus beaux ornements ; dans ce sanctuaire resplendissant de lumières, d'or et de fleurs. Elle est dans les sons harmonieux de l'orgue, dans cette nombreuse assistance où nous apercevons d'illustres représentants du clergé, de l'armée, mêlés à l'élite de la société de la ville et du département.

Cette joie, elle est dans les deux familles qui unissent aujourd'hui leurs noms. Depuis le premier jour où elles se sont connues, elles se sont comprises, et chaque moment ne fait que consolider leur mutuelle estime et leur réciproque affection.

Cette joie, elle est surtout dans les deux fiancés, qui voient se réaliser leur rêve. Vous, Mademoiselle, vous rencontrez ce que vous désiriez.

M. de Rogier appartient à l'une des plus nobles familles du pays de Poitiers. Une opinion, qui peut ne pas manquer de certitude, lui attribue l'honneur d'avoir donné deux Papes à l'Église ; toujours est-il qu'elle a derrière elle tout un passé glorieux. Si les dernières lettres d'annoblissement, qui vous confèreraient le droit d'ajouter à votre nom celui de Rothemond, ne datent que de Louis XIV, la famille de Rogier, qui a fourni nombre de conseillers au Parlement de Paris, des présidents à celui de Bretagne, et plusieurs maires à la capitale du Poitou, remonte bien plus haut dans l'histoire. Dès le XIIe siècle, un de Rogier, *Rogerius capellanus Reginæ,* était chapelain du palais, et est nommé dans la charte par laquelle la reine Athénor confirme les privilèges de l'abbaye de Montierneuf, à Poitiers, le 26 mai 1152. (Dictionnaire des familles de l'ancien Poitou.)

Mais il est d'autres raisons, Mademoiselle, qui motivaient votre choix. M. de Rogier sort de l'une de ces familles patriarcales encore nombreuses, où la foi chrétienne est l'étoile qui illumine et dirige les cœurs (1). Son éducation s'est faite sous la direction

(1) L'un de ses ancêtres, M. Adrien de Rogier, a laissé à Poitiers une grande réputation de sainteté.

des RR. PP. Jésuites que l'on a bien nommés les premiers éducateurs du monde. Est-il étonnant que, formé à cette école, votre fiancé ait marché rapidement, et qu'il tienne un rang distingué dans cette armée française, si honorablement représentée ici par l'excellent Général, commandant la 37ᵉ Brigade, le Colonel du 125ᵉ de ligne, et par ce corps nombreux d'officiers en qui nous sommes heureux de saluer l'honneur et l'espérance du pays ?

Monsieur de Rogier avait à votre faveur, Mademoiselle, d'autres titres meilleurs encore, c'était la bonté de son cœur, et la pratique de ses sentiments chrétiens. Aujourd'hui, rien n'est plus important ; car la vie commune demande souvent plus d'un pénible sacrifice, et il n'y a que la religion qui puisse les adoucir ; car elle seule élève l'âme à la hauteur de la vertu.

Il ne nous sied pas, Monsieur, de vous faire l'éloge de votre fiancée. Elle appartient à trop de titres à notre paroisse. Vous avez pu apprécier déjà ses sérieuses qualités. Elle sort, elle aussi, d'une famille profondément chrétienne qui par un côté tient à la vieille noblesse de Bretagne et de Normandie. L'éducation qu'elle a reçue au Sacré-Cœur ; la fermeté de son caractère, son esprit juste et éclairé, autant que la bonté de son cœur vous assurent, non-seulement le calme, mais le bonheur du foyer domestique. Elle n'aura, du reste, qu'à suivre les traces de cette mère intelligente et dévouée dont elle était devenue l'amie et la confidente, tout en restant son enfant respectueuse et docile.

Oui, nous comprenons votre joie à tous deux. Il est rare de se rencontrer dans une communauté plus parfaite de pensées, de bonheur et d'espérance.

Nous venons de nommer l'espérance. C'est que ce mariage doit l'apporter, non-seulement aux familles qui le réalisent, mais à la société et à l'Église qui portent à cette union un si vif intérêt.

Aujourd'hui l'impiété voudrait fausser l'idée du mariage. Sous prétexte de conciliation, de liberté de conscience, elle veut briser le lien conjugal, ce dernier rempart de la famille, ce dernier abri de la société, et elle ne s'aperçoit pas qu'en agissant de la sorte, elle ébranle une des assises sur lesquelles repose la paix et la sécurité du monde.

Voilà pourquoi l'Église appelle de tous ses vœux des mariages honorables, *honorabile connubium* (Hebr. XIII, 14) ; voilà pourquoi elle désire des unions saintes, chrétiennes, qui réalisent la pensée de son divin fondateur : *hoc sacramentum magnum est, ego dico in Christo et in Ecclesiâ.* (Ephes. V, 32).

Ces espérances, Monsieur et Mademoiselle, vous saurez les réaliser. Ce que vous chercherez dans le mariage, ce seront moins les avantages temporels que le désir de répondre aux besoins de l'Église et de la société. Vous voudrez fonder une famille chrétienne, une famille où Dieu soit connu et aimé, où la religion soit respectée et pratiquée ; une famille où l'on conserve les vieilles traditions, le culte des aïeux, le respect des parents, l'amour du travail, la bienveillance, la charité, et surtout où l'on garde, comme dans une arche sainte, les deux amours sur lesquels nous pouvons compter pour le relèvement du pays, l'amour de l'Église et l'amour de la France.

Il est un dernier sentiment que nous ne voulons qu'indiquer, tant il nous semble indiscret de venir troubler cette heure si douce et si joyeuse. Mais la joie touche de bien près la tristesse, nous dit l'Écriture, *extrema gaudii luctus occupat* (Prov. XIV, 13), et il est un nuage qui assombrit cette fête : c'est la séparation.

Quand on a passé de longues années dans un pays, il s'en dégage tout un parfum, tout un souvenir. Les jeux de l'enfance, la maison paternelle, l'église paroissiale, toute une suite d'événements qui se sont déroulés dans le champ de l'existence, forment une chaîne qui vous attache au sol natal et qu'il est difficile de briser.

Aussi n'est-ce pas sans une certaine émotion que nous voyons se préparer un départ.

Il nous sera bien permis, ma chère enfant, laissez-nous vous donner ce nom que nous vous donnions, il y a déjà de longues années, alors que nous vous enseignions le catéchisme, de vous dire nos regrets.

Le bon exemple que vous donniez à la paroisse, le concours empressé que vous apportiez à nos œuvres, votre bienveillance personnelle nous laisseront un grand souvenir. Du reste, nous espérons bien que souvent Dieu vous rappellera près de nous. Les affections que vous laissez sont de celles dont on ne peut rester longtemps éloigné. Nous sommes sûr que souvent vous viendrez charmer la solitude de cette mère, qui s'est si complètement oubliée pour vous, et qui a concentré sur ses enfants chéris toute sa sollicitude, toute son affection et tout son dévouement.

Nous allons maintenant appeler sur vos têtes si chères les bénédictions de l'Église, et demander à Dieu de verser avec abondance sa grâce sur vos âmes, afin qu'elles soient toujours à la hauteur de leurs obligations et de leurs devoirs.

Nous sommes assuré que cette couronne brillante

de parents et d'amis, qui vous entourent, va s'unir à nous et que de tous ces cœurs émus une fervente prière va monter vers le Ciel, tandis que du sein de la gloire, où ses vertus l'ont appelée, l'âme de votre vénéré père va tressaillir, jeter un regard affectueux sur cette assemblée et se pencher vers elle pour vous encourager et pour vous bénir. Amen.